AF422489

# ¿Cómo crear buena suerte?

---

## Plan mensual para tener buena suerte

Oralia Mercedes Moguel Morales

# ¿Cómo crear buena suerte?

*"Si no tienes suerte es porque sigues repitiendo los mismos patrones día con día"*

*"Dedicado al que busca fervientemente la verdad para cambiar su realidad y su suerte".*

# Prólogo

Este libro: ¿Cómo crear tu buena suerte?, fue escrito con el mayor propósitos que tengo de poder ayudar a las personas en sus dificultades de vida, desde las aulas de la universidad, donde he dedicado más de 15 años a ser docente no solo de niños y jóvenes, también de adultos. Siempre he tenido el objetivo de ayudar a mis alumnos y a las personas para cambiar su suerte y vivir una vida feliz hasta donde mis conocimientos y experiencia me permiten.

En mis ratos libres puede concretar esto que para mí ha sido muy tan especial, he partido de mis vivencias, de mis investigaciones y el haber leído variedad de libros. Logré aprender muchas cosas y lo más importante que quiero ahora es compartir lo que he experimentado tanto de manera teórica y práctica. Esta obra maestra es el producto de vivir con una gran emoción, de seguir persiguiendo la sabiduría y el haber descubierto el poder que hay en cada persona. ¡Te invito a crear tu buena suerte!

# Agradecimientos

Agradezco a mi mamá por su respaldo incondicional, ha sido mi brazo fuerte en los caminos de la vida ¡Gracias madre! Por apoyarme siempre. A mi padre que ha trascendido a otro plano, pero su legado de amor por enseñar y sabiduría permanecen en mí, ¡Gracias papá!

A mi hijo, esta obra es producto del gran amor que tengo por ti y que espero pueda llegar a cambiar y transformar la vida de todas las personas que así lo deseen.

Gracias a mi hermano por ser un apoyo en mi existencia; a mis demás familiares y amigos que han confiado en mí y en impulsarme a lograr mis sueños, mi gratitud infinita. A mis alumnos que están en formación de ser docentes de primaria y preescolar, mi agradecimiento por compartir conmigo sus experiencias y enriquecer cada día mis ideas. Gracias infinitas a todos.

# Introducción

El presente libro, Cómo crear tu buena suerte, es una obra sencilla y práctica que se organiza en seis capítulos, donde el objetivo es que el lector pueda desarrollar de manera semanal una rutina de ejercicios que deberán crear su buena suerte.

El primer capítulo ¿Qué es la suerte?, en este apartado, el autor define el concepto que se tiene de la suerte. La idea que la sociedad y la mayoría de las personas desarrollan a través de la experiencia de vida. En este capítulo se describe elementos con la finalidad de que el lector comprenda qué es la suerte y como se ha tratado de enseñar, se generará una reflexión y análisis para su compresión.

El segundo capítulo se titula: El poder que hay en ti, en este apartado el autor revela acciones, hábitos que se hacen y aspectos que se dejan de lado y no se les presta la atención en la vida diaria. Se describe el poder de la mente que genera cambios en el actuar cotidiano, de igual manera se develan los poderes que cada persona tiene y que muy pocas veces se aprende en la escuela o incluso son aspectos que se toman a la ligera. Esto que se retoma son el potencial de cada ser humano que van a generar y originar la suerte en la vida.

El tercer capítulo: Por qué siempre tengo la suerte que tengo. En este apartado se da a conocer las costumbres que están generando, el tipo de suerte que se tiene, además se describen los principales hábitos que inciden en la mente y el estado de ánimo. La suerte que cada persona tiene la va creando de manera inconsciente; muchas veces se actúa sin saber que los hábitos pueden ayudar a forjar un éxito o un fracaso y con ello se crea la suerte.

En el cuarto capítulo titulado: Las llaves que cambian la suerte, en este apartado se describe de manera específica cómo ciertos elementos son las llaves que cambian la suerte. También se trata de saber ¿qué es lo que incide en la creación de la buena suerte?, todo lo que implica para programar la mente y originar la buena suerte, describe tres llaves que trabajándose podrán crear la buena suerte en la vida. El quinto capítulo, ¿Cómo creo mi buena suerte?, es la parte donde se describen actividades prácticas que se realizan y tiene un impacto en la vida y en la suerte de las personas.

El sexto capítulo, plan práctico para cambiar mi suerte. Es un plan semanal para llevarse a cabo durante un mes. Al seguir la rutina se podrá desarrollar el potencial de las tres llaves. El interiorizar y practicar las llaves se tendrán como resultado la buena suerte; el plan organiza actividades específicas que se puede desarrollar en la vida cotidiana. Es un plan sintético que puntualiza lo más esencial. Estos ejercicios prácticos que se presentan son para que logres los objetivos y puedas crear buena suerte.

# Índice

# ¿Qué es la suerte?

Desde que la primera infancia se aprende y se escucha la palabra suerte, esto hace referencia a cuando pasa algo importante, sea bueno o malo, lo cual crea el concepto de suerte. La suerte es como una ley que se aplica a todas las personas y es un evento que se presenta de manera momentánea o reiterativa. El concepto de suerte puede inclinarse a algo positivo o negativo. El juez que determina si la balanza se decanta a buena o mala suerte es cada persona, ya que la suerte depende del impacto del hecho que se presenta en la vida del ser humano. Hay eventos propios de la vida de cada ser humano que determinan la buena suerte o mala suerte.

Para determinar la suerte de las personas, de manera particular, cada individuo debe valorar el evento que impacta la vida del ser humano. Pueden presentarse sucesos repetidos donde las personas les pasan acciones buenas o cosas malas, es ahí donde se empiezan a preguntar ¿Por qué siempre le va bien? ¿Por qué siempre le suceden cosas malas? Y es ahí donde surge el interés de saber que ocasiona esos eventos positivos en las personas y así es como se determina que se quiere ser partícipe de experimentar una vida llena de suerte y vivir esos eventos positivos en la vida.

La suerte no es más que el impacto que tiene en la vida de las personas los eventos que se le presentan en un determinado momento o de manera reiterada. Por ejemplo, si te reúnes a jugar entre amigos cartas o juegos de azar, podrás darte cuenta de que quien gana más le dicen: - ¡Hoy estas de buena suerte!, aquel que no logra ganar, las personas opinan: ¡qué mala suerte traes hoy! O cuando pasa lo contrario dicen: ¡has tenido una racha de buena suerte!, de manera que cuando los juegos son continuos y constantemente se gana.

Por lo tanto, la suerte hace referencia al evento en sí que puede pasar y presentarse como un rayo en medio de un aguacero o una tormenta misma que no cesa en varios días o semanas. Siempre se piensa o han hecho creer a las personas que se nace con buena suerte o mala suerte, mucho se menciona el clásico dicho que dice: ¡unos nacen con estrella y otros nacen estrellados! Sin embargo, con todo ello nos hacen suponer y aceptar que son eventos propios de la vida, que están fuera del alcance, que es algo que se presenta sin que nosotros podamos intervenir o cambiar la realidad.

Partir del concepto realidad hace referencia a que cada ser humano tiene una realidad diferente, aproximada o similar, pero nunca igual.

Para unas personas lo que puede ser algo bueno o magistral, para otros quizá sea algo malo y desastroso, es por ello que queda muy claro que quien va a determinar si el evento es bueno o malo es cada persona.

La realidad de una persona cambia con otro, debido a varios factores, cada individuo ve su existencia de forma diferente, de manera particular las personas tiene intereses, metas, sueños, gustos diversos y estados de ánimo distintos.

Un evento que puede explicar las realidades son los impactos de cada evento cotidiano tiene en cada persona, por ejemplo:

A la entrada de una tienda comercial de nueva creación se promocionan sus ventas, comienzan por regalar helados, casualmente ese día dos niños pasan frente a esa tienda, uno de los niños, va con dirección a su casa, y otro niño acompaña a su madre para realizar compras.

A los dos niños les obsequiaron helados, Resulta que uno de los niños, estaba sediento y le fascinan los helados, al vivir la acción de que le regalaron un helado se sintió realmente feliz por lo que le sucedió, él ha presenciado un evento feliz y gratificante.

Para el segundo niño el evento no ha tenido el mismo efecto, ya que es un infante que es muy enfermizo de vías respiratorias, no le gustan los helados y en ese momento se siente enfermo, sin embargo, lo acepta y al querer llevárselo a la boca se le termina cayendo al piso. Se puede percibir que para las dos personas no se tiene el mismo efecto.

Revisando el concepto que se ha desarrollado a través de las experiencias, se puede decir que para el primer niño, se ha presentado un hecho de buena suerte.

Cuando el primer niño sentía sed se encuentra con que le regalaron un helado, esto crea un evento donde se sintió muy feliz, disfrutó de lo que le regalaron, para él aquel helado es delicioso, por lo tanto, ha sido un hecho producto de la buena suerte.

El segundo niño, sus circunstancias y situación, no fue gratificante el evento y todavía se le cayó al piso, con ello podríamos decir para que este segundo niño que tiene mala suerte.

Con este ejemplo sencillo se puede decir que la buena suerte o mala suerte depende de cada persona, de lo que realmente quieren, desean y tienen en mente que es algo bueno o malo que te pueda pasar en la vida.

Lo que para uno puede ser un golpe de suerte, para otros puede ser un momento de mala suerte y desgracia, quiero que pienses en esos dos niños en ese evento y comencemos a ver qué sucede. Hay algo muy relevante que representa la suerte y es de vital importancia aclararlo para que clarifiquen la suerte.

Tener buena suerte lleva impregnado el sentimiento de alegría o de tristeza, de ganar o de perder, de felicidad o infelicidad. Si se revisa de manera detenida se observará que la mayoría de individuos o están haciendo actividades y trabajando por cosas que los hagan sentir bien, las personas viven persiguiendo la felicidad, pero una minoría se siente feliz en su presente.

El ejemplo antes descrito de los dos niños fue un evento que se suscitó en la vida cotidiana, ellos creen que esta acción se presentó por el destino, no saben por qué sucedió.

Muchos podrían opinar que fue producto de las coincidencias, el azar, el destino, pero eso no ha sido, ese evento se gesta a partir de emotividad y estados de ánimo, incluso la frecuencia en la que se vibra en ese momento.

Tendrías que preguntarte que sentimiento tenía o han mantenido el primer niño y el segundo niño.

La felicidad es el motor, es ese amor ferviente que corre en las venas, es esa pasión desbordada que nos hace sonreír, es un sentimiento pleno que puedes sentir. Te aseguro que estás aquí, por qué quieres experimentar ese estado de ánimo, estar feliz, pero todo esto conlleva a que la gente te vea y diga ¡qué buena suerte tienes!

Se cree que la suerte es algo divino, que no se puede comprar, que no se puede crear, pero en realidad lo divino de todo esto es que todo lo que influye está dentro de cada persona, no se necesita superpoderes,

Para tener buena suerte no se necesita hacer cosas arriesgadas, es un hecho tan sencillo y a la vez tan complejo, es algo que puede encontrarse en cada ser humano, así que la buena suerte no está en el exterior de las personas, ¡no busques afuera lo que se encuentra adentro!

Los sentimientos, las emociones y las circunstancias del ánimo influyen en la suerte. Las personas no se dan cuenta de que están dibujando el presente y futuro con sus sentimientos y su estado de ánimo, donde está puesta su atención constante es lo que van a manifestar en su vida.

El poder de crear eventos es real, con ello se afirma que toda persona puede crear buena suerte y con toda seguridad lo puede lograr.

El único responsable de lo que sucede eres tú y solo tú, así que se debe ser humilde y reconocer que quizá por falta de conocimientos o por no saber lo que haces o vivir la vida inconscientemente te ha llevado a caminos de mala suerte. Y si has tenido eventos de buena suerte, pues también ha sido por ti y solo por ti.

Si una persona está enferma la única responsable es la persona, si está sano el responsable es la persona, existe información que casi no salen a la luz, la importancia de los pensamientos es un tema trascendental, todo ello tiene que ver con los descubrimientos del científico Einstein. Por lo tanto, si quieres estar bien no solo conlleva asegurar una buena alimentación, también implica cuidar los pensamientos que se tienen y que están rondando la mente de cada individuo.

Un sentimiento puede matarte o darte más vida y felicidad, un evento que puede ejemplificar esto es que en realidad nuestra mente es tan sofisticada y compleja que crea la realidad a partir de lo que escucha y ve aceptándolo como una verdad,

Te describe el ejemplo de una persona que en la vida real se enfermó. Sin embargo, no le daba mucha importancia el ir al médico, entonces fue a la clínica de forma casi obligada y fue a través de una serie de pruebas se determinó que el señor estaba enfermo de cáncer.

Por el contrario, sus hijos decidieron no decirle la enfermedad que tenía, pero si le dijeron que tenía que cuidarse que era algo pasajero. Sin embargo, con el paso del tiempo sus hijos lo amaban más y él se sentía más feliz y prolongaron varios años de vida, incluso casi más de una década a su padre, hasta que ya de anciano el señor murió.

El efecto contario fue animarlo a deprimirlo y darle la noticia. Y el efecto fue positivo.

Contario a ello en otro ejemplo que se vivió en un laboratorio como hecho real, llegaron dos personas a hacerse análisis de dos personas que tenían VIH y por desgracia y error humano se les dio resultados incorrectos.

Resulta que si estaba enfermo, le dijeron que no tenía ninguna enfermedad y quien no lo tenía le dieron el resultado positivo a la enfermedad, por lo que recibió la mala noticia, con los días se deprimió, se sentía enfermo del miedo y la angustia que sentía; hasta que llegó a una cama de hospital grave y los familiares esperaban lo peor, nuevamente le hicieron análisis y evidentemente confirmaron que la persona no tenía VIH, fue difícil sacarlo del cuadro depresivo y tan agravada que estaba su salud, hasta que murió. Con todo ello se puede concluir que los pensamientos son tan potentes en cada área de la vida que te pueden dar más vida o te pueden matar.

# El poder que hay en ti

El poder está en el interior de cada persona. La suerte ha sido algo que se ha percibido como algo difícil de controlar, en la vida de las personas, y es que la mayoría nos ha dicho que son hechos que suceden por arte de magia, son eventos donde no podemos controlar y determinar si realmente es algo bueno o malo lo que nos depara la vida.

Vivimos la vida como una corriente de agua que nos jala de acuerdo a la intensidad de la corriente y nos lleva como un barco en naufragio sin destino a donde llegar.

Difícilmente en la vida nuestros padres o maestros nos enseñan a vivir una vida con propósito y a menudo pensamos que los hechos futuros serán eventos buenos o malos sin poder determinarlos a causa de ello vivimos sin un proyecto de vida.

A lo largo de la historia personal pasa que los propósitos y sueños que se tienen de niño, de ser lo que quieren ser, no se consolida.

Cuando las personas crecen, consolidan poco sus metas, la misma sociedad va nublando los propósitos de vida, los individuos dudan de sus capacidades y dan por hecho que habrá cosas que no se pueden realizar y llegan a un punto donde no saben ni qué quieren hacer ni qué quieren vivir.

Se vive opinando que estamos en la cárcel de nuestro propio destino, hay quienes se aventuran a decir que aquel que nació en luna llena su vida estará plagada de desgracias y mala suerte, aquel que nació en otra fase de la luna no será una persona feliz y llena de buena suerte, lo cual es una rotunda mentira que nos han hecho creer desde la primera infancia.

Absolutamente, nadie tiene el poder de decirte a ti que puedes y que no puedes hacer y qué vas a lograr, quiero el valor de un objeto lo determina un experto, por ejemplo si te regalan un anillo y lo ves como un anillo más en el mundo, luego alguien lo ve y te pregunta ¿sabes cuánto vale ese anillo? ¿Qué valor tiene ese anillo? En realidad no sabrías qué valor tiene ese anillo, alguien te dirá que luce bonito, pero en realidad no saben el costo, pero si lo llevas con un experto, un joyero, él te dirá su valor, y podrás contestarle con certeza a la persona que te pregunta.

Exactamente así es como se debe valorar la vida de cada persona quien la debe juzgar es la persona experta de sí misma, por lo tanto, nadie puede decir que tú puedes o no puedes hacer las cosas de acuerdo a cumplir tus metas y sueños, porque el experto eres tú. Así que deja de ponerle valor a lo que no te gusta, una crítica constructiva te debe ayudar a ser mejor, no a desmoralizarte, por el contrario, ser el héroe de tu propia vida.

Cuando alguien te diga que puedes y que no, tómalo como un reto personal y no lo expreses y demuéstrate a ti mismo que tú puedes ser lo que quieres, nunca tomes como una verdad las palabras negativas de una persona, recuerda que las personas te dicen cosas y toma en cuenta el sentimiento que te trasmiten con sus palabras.

Hoy quiero asegurarte que tu destino y tu suerte sean buenos o malos, la decides tú. Son cosas que se han mantenido ocultas a lo largo de muchos siglos y en el tiempo, eres dueño de tu suerte, tú la creas, tú la transformas. Hasta hoy has vivido distraído de lo que realmente es la vida, la vida no está en lo que te cuentan, sino en lo que vives desde tu hogar, tu trabajo, tus problemas, tus experiencias, tus sueños y metas.

Hay un evento en la niñez que se elimina de la vida, esa es la curiosidad de las personas. La curiosidad se va muriendo con el tiempo con la firme sospecha de que existía un poder en ti que siempre las sociedades y gobiernos han querido que vivas distraído en tu mundo sin que te des cuenta y es el poder de tu mente.

El control mental que existe en la actualidad es muy potente y tiene repercusión en la vida, en los sentimientos de las personas, esto hace originar realidades paralelas de lo que se vive.

Desde la antigüedad, en las guerras se utilizaba el control mental para someter a grandes masas de población y hacer de ellos seres sometidos a lo que el poder quería; sin embargo, en una práctica que sigue en el presente. Hoy es importante que las personas quieren cambiar su suerte, despierten de esa realidad.

Abre los ojos y escucha bien, si has pensado que estando en soledad en la intimidad de tu hogar, nadie puede saber qué haces o piensas, pues la respuesta es que si saben en realidad si, ya que la población es analizada desde sus gustos y hasta sus acciones, con ello se quiere concluir que si te va mal no es por el azar es por el tipo de educación que has recibido.

En la primera infancia la curiosidad va cambiando por apatía, por comodidad y por la ley del mínimo esfuerzo, hasta que un día la persona se siente aburrida, y como resultado tiene una vida llena de mala suerte.

Tú que estás aquí, leyendo este libro, descubrirás unas llaves maestras que abrirán el capítulo más interesante de tu vida. Lograrás tus sueños, lo que realmente, querías obtener y

Te has dado cuenta de que ante los eventos negativos que te pasan, te han desanimado y ahora buscas el camino para volver a confiar en que existe ese poder de crear en ti cosas maravillosas y así es, tú eres el único responsable de tu realidad. Tu poder se encuentra dentro de ti y no lo has descubierto porque no sabes que anda en tu mente el que te está haciendo vivir momento de frustración, amargura o de satisfacción y felicidad.

Todas las habilidades de un ser humano se gestan en su mente con ayuda de sus sentidos. Desde niños, han enseñado que la vista, el oído, el olfato, el tacto y el gusto nos hacen saber que es la vida, te puedo asegurar que nunca te enseñaron que cada sentido tiene un potencial emblemático para activar tu poder mental y manifestar tu realidad.

Ese poder determina tu suerte, tiene que ver con que tengas un plan de vida, es decir, tener metas claras para ir logrando en tu vida, y trabajar para lograr esas metas, pero sucedes que con el paso del tiempo y ante eventos negativos y el confort.

Te has hecho un esclavo de los acontecimientos, lo que te ha reforzado el concepto de creer que todo es por buena suerte y mala suerte donde no puedes controlarlo.

Así como tienes el poder de crear, también tienes el poder de destruir. El poder que está en ti lo puedes utilizar para el bien, para cosas buenas y positivas, no trates de dañar a personas nunca, ya que inmersa estará tu suerte presente y futura.

El ser humano no es un ser perfecto, pero si es un ser perfectible que puede buscar la perfección, el no serlo, en ese camino que no es bueno ni malo, lo importante es que lo que hagas hazlo pensando en ti, pero tratando siempre de no dañar a terceros.

Toda acción tiene una reacción, por lo tanto, tus actos creyendo en dañar y en el mal, definitivamente están desviándose de la creación de una buena suerte, por el contrario, obtendrás mala suerte, en consecuencia, céntrate en ti en el poder del amor.

El amor recuerda que no daña a las personas, el amor es para mejorar a las personas, para percibir el sentimiento y vibrar en amor, una persona que vibra en amor no siente maldad, no siente la necesidad de competir, presumir, pisotear al otro.

Quizá es lo que nos falta entender, es que vivir en la frecuencia del amor hará que tu vida sea excelsa, que puedas vivir lo que nunca antes has vivido.

La frecuencia del amor no se compra, no se platica, la frecuencia del amor se manifiesta con tu vida misma.

Encontrarás autores que te hablen de vibrar alto y cuando no entiendas que es vibrar alto es sentir y dar y vivir con amor, hay situaciones o problemas que nos alejan de este sentimiento, el amor es en la totalidad de las cosas que hacemos.

Desde que nos levantamos, sonreímos y agradecemos por el día, eso es vibrar en amor.

El orar, agradecer, preparar el desayuno, ver el amanecer desde tu ventana, con el sentimiento de agradecimiento, eso es amor. Por lo tanto, el amor sublime y poderoso que sientes hacia ti y hacia los demás generará en ti eventos de buena suerte.

Cuando una persona está enojada, desesperada, deprimida o tiene una vibración baja, todo lo que hace vibrará en esa frecuencia. Por ejemplo, si tú o tu mamá prepara un desayuno en un estado de baja vibración, lo vas a notar, incluso no podrás disfrutar de ese desayuno como cuando alguien cocina con amor, con gusto, con alegría, ese platillo sabrá diferente.

Otro ejemplo es en el trabajo, si realmente vas a un día laboral por obligación, no estás a gusto, te sientes mal en el lugar de trabajo, no valoran lo que haces y tú tampoco valoras estar ahí. El efecto será negativo, sentirás ansiedad, estrés, depresión, enojo, insatisfacción. Pero la realidad es que tú mismo has saboteado tu suerte porque te has dejado llevar por lo que sucede a nivel consiente e inconsciente en tu mente.

Nuestros sueños y metas se pueden desvanecer ante poco refuerzo y motivación.

Esto se acelera cuando empiezas distrayéndote, escuchando música de baja vibración, escuchando noticias de asuntos y escenas criminales, escuchando conversaciones negativas y conflictivas, dejas de lado tus pasiones; vuelcas la balanza a ver y escuchar cosas que no son propiamente tuyas, no abonan a tus metas y sueños, por el contrario, están creando en ti una nube de negatividad, es como ser diabético y comerte una bolsa de dulces muy grande cada mañana y enojarte por todo.

Y lo peor de todo no dejas en el día un instante para reflexionar a solas y en silencio tu día a día. El poder de tus sentidos crea tu suerte, especialistas en el tema han comprobado que ver películas de terror te eleva la presión arterial, la pregunta es ¿por qué en realidad no lo estás viviendo? La respuesta es que tus sentidos están siendo controlados. Tu mente no diferencia de lo que es real a lo que es ficticio. Lo mismo te sucede cuando escuchas músicas de despecho, dolor, odio y lo mismo amor y entusiasmo, no te han dicho que la música que sintonizas, los medios de comunicación que ves, las redes sociales, etc. Están generando tu vida porque están produciendo tu realidad.

Tu mente reacciona a lo que ve al momento o lo que se le queda grabado y peor aún a lo que se repite constantemente. Un ejemplo es que le pidas a una persona que observe una hoja blanca y la quede viendo durante un minuto y con rapidez le preguntes y él te conteste con rapidez sin quedar pensando en ¿Qué toman las vacas? En las mayorías de casos te contestará que leche, porque el cerebro relaciona con lo que ha visto, relaciona el color blanco con la leche y la vaca, pues así es como han funcionado tus decisiones y la vida que llevas.

Evalúa qué cosas ves y escuchas con mayor frecuencia y hacia donde se vaya la balanza, eso se refleja en qué tipo de suerte tienes y si estás en el camino de la buena suerte o la mala suerte.

Tu poder es saber controlar que escuchan tus sentidos auditivos y que ves constantemente, cómo te sientes cada vez que escuchas y ves lo que ves. Tu poder es tu mente y tus sentidos con ellos puedes crear la realidad y tu buena suerte o mala suerte que tienes ahora, pero tienes la capacidad de poderla cambiar, tu mente ha creado lo que hasta ahora tienes y has vivido y lo que no tienes y te ha hecho sentir mal.

Algo que también es importante que sepas es que la felicidad está también en ti, no pierdas el tiempo pensando en que algo externo te va a dar felicidad.

En la vida se persigue la felicidad, pero no se vive el presente, prueba de ello es que escuchamos entre las personas, familiares o amigos, decir, seré feliz cuando encuentre a la pareja perfecta, seré feliz cuando esté sano, seré feliz cuando gane mucho dinero, seré feliz cuando me case, seré feliz cuando tenga hijos, seré feliz cuando viaje.

Resulta que cuando tienes eso o lo alcanzas, pasa el tiempo y tu felicidad la sigues persiguiendo.

La felicidad es una forma de vida emocional, se encuentra en cada persona, ves a parejas que se amaban, se casan y a veces no son felices y opinan que con un hijo lo serán, está bien tus metas, pero no está bien que la felicidad la sigas persiguiendo.

Lo más importante es estar en un estado de felicidad constante, por eso la alegría que está en ti es tu poder, ese poder lo controlas tú, no lo sigas posponiendo, vive en felicidad y empezarás a ver que las cosas que querías que sucedieran, como por arte de magia empiezan a suceder.

No ser felices no es un pecado, pero es un estado en el que la mayoría ha estado y se da, no porque se desee, es porque su mente está amaestrada. Cuando se está en un estado de mala suerte pareciera que es como una bola de nieve que crece, lo mismo pasa cuando se está estar alegre y feliz, se puede potenciar.

Si tú estás feliz y tratas de estar en ese estado en su máximo esplendor el potencial se

Va a hacer presente y se manifestará la buena suerte. Por lo tanto, la suerte la puedes crear tú mismo.

Otra cosa que pasa en la vida es que siempre hemos pensado que agradecer era solo una regla de convivencia o como para emitir un cumplido, pero agradecer es más que un simple gracias.

¡Gracias!, el decir esta palabra hace que recibas más de lo mismo o mejor, así es como funciona el agradecimiento, las personas mal agradecidas tendrán la tendencia a generar la nube de mala suerte en sus vidas, porque todo les parece tan común y ordinario, a diferencia de aquel que ve en cualquier cosa lo extraordinario y practica el agradecimiento se le multiplicarán esos pequeños detalles de vida, es válido agradecer y pedir el tener esa fe en que lo lograrás.

Mi abuelo vivió 96 años, recuerdo sus historias, pero dentro de ellas y la que hace referencia a ello es que lo escuchaba con atención cuando oraba y él siempre empezaba por las gracias por la vida y el pedimento de querer vivir más. Hasta que un día se le acabó esa meta, ese sueño y ya no quiso vivir más.

El solo hecho de agradecer por la vida te da más abundancia de vida, lo mismo es con el dinero, con el amor, con la salud, y es que pasa que hasta que no perdemos la salud no nos damos cuenta de lo importante que es.

Agradécelo poco o mucho que tienes, recuerda que existen personas en peores situaciones que tú y en mejores situaciones que tú, así que no es necesario que te compares.

# Por qué siempre tengo la suerte que tengo

Por qué en muchas ocasiones tengo la suerte que tengo. La mayoría de personas se preguntará, ¿por qué siempre me pasan cosas que no quiero o me pasan cosas malas? La respuesta a esto es que en realidad hay cosas en tu vida que las has hecho y no has sido claro ni en lo que quieres y lo que quieres lograr, esto hace que vivas a la deriva sin el mínimo control de tu realidad.

Existen personas que les pasa algo malo y se deprimen y hacen de un evento una catástrofe en su vida que termina destruyendo cada área de la vida de las personas, entre ellas está la salud, el dinero, el amor. No saben gestionar el evento y en vez de minimizar lo malo lo hacen grande que absorbe todas las áreas de la vida.

Si te has dado cuenta de que tu suerte es la misma, pero sobre todo tienes mala suerte, primero cuestiónate a ti mismo ¿Qué quieres en esta vida?, si ten una conversación lo más clara y precisa que puedas tener y pregúntate ¿Qué quieres? ¿Qué te hace feliz? Empieza por ti, no trates de trasladar esta pregunta a tu familia.

Empieza por ti, y sé, claro sé, sensato nadie te está escuchando y viendo, clarifica tu respuesta, si eso que tú quieres no lo has logrado, pregúntate ¿por qué no lo has logrado? ¿Has hecho algo por lograrlo? ¿En muchas ocasiones tienes pretextos para no hacerlo? ¿Hay algo que te haga desistir? Tú sabrás qué contestar, revisa tu vida, ¿qué haces desde que te levantas? ¿Todos los días sigues una rutina? ¿Desde cuándo no cambias ese hábito? ¿Te hace feliz lo que haces o estás aburrido de tu día a día? ¿Escuchas noticias malas todos los días? ¿Ves cosas que te provocan sentimientos negativos? Cuando cierras los ojos ¿Cómo te sientes? ¿Puedes imaginar lo que realmente quieres? ¿Eres demasiado negativo o te imaginas lo peor de cada situación?

Ya que te has preguntado todo esto, podrás encontrar que si te está sucediendo cosas malas y sientes que tienes mala suerte, la respuesta es porque sigues hábitos que te desvían de tu meta y tus sueños. Escuchas, o ves cosas más negativas que positivas, aunque sea una película de terror que no te pasa a ti, tu subconsciente lo toma como una realidad vivida a menor escala, pero para tu mente es algo real.

Tu mente te está dirigiendo a lo que quieres y sientes, si alguien está triste, por lo regular escucha canciones tristes para sentirse más triste, pero en realidad debería encontrar lo positivo de cada problema, darle un stop y decidir no potenciar el sentimiento de tristeza, porque si quieres que te pasen cosas buenas debes hacer lo contrario que has hecho hasta ahora.

Tu rutina define tu suerte, lo que escuchan tus oídos, lo que ven tus ojos y lo que imaginas de las cosas, eso está construyendo tu suerte, así que te pido que pongas mucha atención.

Los medios de comunicación controlan a las masas, y ¿cómo las controla? Mediante lo que ven y escuchan, si tienes hijos, cuida de ellos y enséñales que deben clasificar lo que deben escuchar y que deben ver, ayuda a que tengan una rutina de vida que los haga feliz y no les haga una vida de tragedia. Recuerda que en la vida el actor principal eres tú y tú eres el que va a escribir el guion de la novela, no vas a actuar para una novela porque eso es lo que piensa la gente que la vida ya está trazada y esperan a que los hechos se desenvuelvan como escenas que no podrán jamás controlar.

Los patrones y hábitos que se tienen y se refuerzan constantemente afectan la realidad, por tanto, la suerte de cada persona.

Te voy a contar una anécdota: En una familia, dos tíos que siempre habían contado que viajar a cierto lugar era peligroso deciden viajar; sin embargo, se había reforzado esa idea porque de la misma manera otro familiar viajó a ese lugar y vivió un asalto: Alrededor de esa familia se contaban historias referentes a que ese lugar era muy peligroso, cierto día ellos viajan y la respuesta es tan obvia, ¿tú qué crees que les pasó? Pues si los asaltaron y les robaron. Sin embargo, otra familiar, una prima que era alejada de comentarios negativos y no tenía la imagen de ese sitio y no sabía mucho del lugar, se fue, viajó muy tranquila disfrutando el viaje y le preguntaron qué le paso y ella dijo, _¡la verdad es que me gustó ¡me la pase muy bien, es un lugar bonito!

La respuesta es el refuerzo negativo que tuvo los primeros familiares y el estado positivo en el que viajó la segunda familia, todo depende de ti, la primera familia se imaginaba lo peor, y la segunda se sintió tranquila y feliz, la primera familia reforzó y hasta se sugestionó con que en ese lugar era peligroso y la segunda familiar nunca le hablaron de que el lugar era peligroso solo decidió disfrutar del viaje.

Nunca te pongas a imaginar detalles malos, por el contrario, ponte a imaginar detalles bonitos que te gusten que te hagan sentir bien, no cosas que te hagan sentir mal, no refuerces lo negativo. Otra situación es que muchas veces nos ponemos a investigar a detalle ciertas enfermedades y hasta sentimos que se tienen esas enfermedades, por lo tanto, enfoca tu ser y lo que eres en cosas positivas en tus metas a lograr. Lo peor que puedes hacer es centrar tu foco en algo que no quieres, y cuando digo foco es tu atención y tu mente en eso, por el contrario, céntrate en investigar y saber de lo que te gusta y deseas lograr.

# Las llaves que cambian la suerte

Las llaves de la suerte son tres, la primera depende de la segunda y esta necesita de la tercera, lo que lograrás es cambiar tu suerte, todo está en el interior de cada persona, lo que se piensa y siente será el determinante de la buena o mala suerte.

Son los sentidos tan potentes, la visión, la audición, tacto, olfato y gusto; que deben potenciarse y practicar con las cosas que deseamos tener, las personas invidentes o sordomudas desarrollan más el tacto, gusto y olfato, y se pueden trabajar esos sentidos como potenciadores.

En una persona normal con sus sentidos el potencial radica en la visión y audición, entonces tenemos que conjugar lo que vemos y oímos para crear en la mente imágenes positivas que nos hagan sentir en un estado de alegría, entusiasmo o motivación.

La mente ha sido amaestrada, esto se da con lo que se ve y escucha, pero las personas difícilmente se dan cuenta, este tipo de se da a gran escala, el control llega a grandes cantidades de población.

Lo que hay a mayor medida en los medios de comunicación son eventos negativos, que cosas positivas, con todo ello encierran a la población de las nuevas negativas y círculos viciosos de donde nadie sale y termina viviendo una vida de desgracia y tristezas, por lo tanto, se debe ser muy selectivo en lo que vemos y oímos.

En cuanto al olfato hay aromas que nos hacen sentir bien o mal, los aromas hacen recordar eventos buenos o malos, de igual manera hay olores que disminuyen incluso el coeficiente intelectual de las personas y su estado de ánimo, el gusto igual hay sabores que te ayudan a estar de buen o mal humor. Con todos tus sentidos debes enfocarte en lo que quieres lograr.

La mente se puede educar viendo o escuchando sucesos positivos, percibiendo cosas que los haga sentir bien, esto ayuda a que cada ser humano pueda alcanzar aquello que se desea lograr.

Muchas personas quieren ser ricas, sin embargo, no se esfuerzan y se tiran a dormir, a no sentir, pensar, ni imaginar nada, todo el día viendo noticias y van sintiendo que la vida pasa sin sentido, por lo tanto, se presentan eventos en la vida resultado de los actos de cada persona.

Por arte de magia tampoco sucede, tenemos que cambiar algunos hábitos, sobre todo de lo que vemos y oímos para que el cambio pueda surgir para bien.

Una persona encerrada en un lugar oscuro, puede cambiar su realidad utilizando su imaginación, su pensamiento, creatividad y así lograr su meta.

Si se está en un sitio tranquilo, es mucho más fácil encaminarse a lograr buena suerte, empleando todos los sentidos, viendo lo que le gusta, escuchando música que le haga sentir bien y así elevar su vibración.

Como lo es la gota de agua cayendo sobre una piedra, la práctica que harás será reforzar el objetivo que necesitas lograr sin llegar a obsesionarte y prepararte para tener buena suerte.

El cofre que contiene las llaves de la suerte eres tú, te revelo las tres llaves mágicas, La primera llave que cambiará tu suerte se llama autocomunicación, la autocomunicación es sincerarte contigo mismo y aclarar de forma general que es lo que necesitas lograr tener espacios de tiempo en tu vida donde puedas reflexionar y saber autoconcepto y tener una plática interna contigo y determinar qué deseas desde el fondo del corazón desde tu ser y aclararte a ti mismo sin dudas ni titubeos que es lo que quieres, a diferencia de lo que quieren los demás de ti, darte cuenta de que no todo ha sido malo ni todo ha sido bueno lo importante es dedicarte a comunicarte contigo mismo un medio puede ser una meditación breve diaria.

Muchas veces se lleva una vida tan agitada que hablar con nosotros mismos en el silencio casi nunca se da. Por lo regular se vive sumido en una vida superficial y se deja de lado el yo interior.

¡Quién sabe interiorizar y aclarar su vida interior, sabe alinear su futuro a lo que pretende lograr!

En la actualidad, los medios de comunicación, la radio, la televisión, los celulares, el internet, son medios que están siendo mal aprovechados porque no se sabe seleccionar lo que realmente se quiere lograr y enfocarse en ver y escuchar lo que se pretende obtener.

El estado de confort produce, decidía, donde no existe tiempo y un espacio de silencio para sí mismo, eso genera la mala suerte, cada ser humano manifiesta su futuro.

Muchos piensan, de manera equivocada, que trabajando demasiado, esforzándose por mucho tiempo, omitiendo los espacios de descanso, se ganarán más y serán mejores.

Pero que tan equivocado puede ser el forzarse al extremo, ya que, las máquinas mismas caminando a todo motor, explotándolas al cien por ciento, se logrará que el motor de estos aparatos se quemen, lo mismo pasa con una persona que entrega toda su vida a trabajar sin descanso, logrará enfermarse con rapidez hasta morir,

¿De qué servirá tanto esfuerzo si no tendrá el tiempo para disfrutar lo que ha logrado?

La autocomunicación es esa reflexión y análisis que haces de tu vida y te autoclarificas y comunicas tus gustos a ti mismo, existe tanta gente que no sabe qué quieres ni que le gusta porque su autocomunicación es nula. Por lo tanto, es importante que te brindes ese tiempo para autocumunicarte.

La segunda llave mágica es la ruta de vida y propósitos, prepararte para lograr el máximo de tus metas a corto, mediano y largo plazo en tu vida. Fíjate en ti, nunca compitas con alguien más porque como dice el dicho, siempre habrá mejores que tú y peores que tú, así que trabaja en ti y tener claramente lo que quieres.

Todo depende incluso de ser consciente de las habilidades que se tienen. Si vas a la escuela y resulta que repruebas literatura y sales muy bien en ciencias, lo que se debería hacer es tratar de que el alumno aprenda más literatura, pero en realidad nunca se potencian las habilidades del ser humano. Lo que se debería hacer en este caso es potenciar las habilidades en ciencias, así se tendrían más expertos en cada área, eso depende de lo que tú quieres y te gusta, potenciarlo.

Nunca renuncies a un sueño que tienes y has tenido desde siempre, hoy es el momento de desempolvar tus metas y hacerlas realidad, logrando que tengas buena suerte.

Muchos desisten de sus gustos y sus metas y persiguen el dinero, sin saber que al potenciar ese gusto puedes generar lo mejor de tu vida. Desde la adolescencia y parte de la naturaleza es el conflicto interno de saber cuál es nuestra misión de vida, ¿Por qué?

Venimos a este mundo con muchas misiones, por ejemplo, en que podemos ayudar, que queremos lograr en la vida, de dónde venimos y para donde vamos, esto debe clarificarse, pasa el tiempo y ya son adultos o adultos mayores, y no hay claridad en lo que quieren.

Muchas personas que viven reprimidos, sin lograr lo que realmente querían o no tenían meta de vida y muchos han vivido la vida por vivir como barcos en naufragio, sin embargo, la edad no importa, para cambiar tu suerte lo ideal es cambiar y clarificar la ruta de vida. Si esto se trabajara desde niños, desde el hogar, se clarificaría la vida de cada persona y no se tendrían que andar dudando cuando quieren elegir una carrera, la indecisión, no tener seguridad, eso mismo te dará la vida, por tanto, el tener una meta clara es lo necesario para crear tu suerte.

La tercera llave mágica es la fe y creencias.

La fe es el poder más grande de dar por hecho lo que va a ocurrir, si te has dado cuenta de que tu intuición de primera mano, te dice que hacer, nunca pienses que no lo lograrás.

¡Si piensas que no puedes estás en lo correcto, pero si piensas que si lo vas a lograr también estás en lo correcto!

La fe la tienes dentro de ti y de ti depende que tus deseos se cumplan, esa llama de fe no debe acabar así lo que observes, no te reporte lo que quieres al momento, tienes que persistir y tener la seguridad de que lo que quieres lograr lo vas a ver hecho realidad.

Si las aves que se ven volar no tuvieran fe de que al día siguiente comerán, pues ya estarían muertas y difícilmente vivirían, esas aves saben que al día siguiente tendrán comida, las aves no viven en una cárcel, son libres y pueden volar libremente, así debe ser la fe de las personas dar por hecho que la meta que se tenga en mente se va a lograr.

La fe tiene que ver con ser agradecidos, pedir y confiar, el agradecimiento habitualmente debe estar presente en tu vida, es el ingrediente que raramente debe faltar, porque a la falta de agradecimientos vamos a encontrar el ser mal agradecido y esto te cierra las puertas a la abundancia.

Creer es crear, y todo lo que creas cierto será así hasta que puedas cambiar esa creencia, y quien lea este libro y lo practique puedo asegurarte que va a crear su buena suerte, porque esto no es algo ficticio, sino leyes naturales de la vida.

# ¿Cómo creo mi buena suerte?

Tu suerte la vas a crear utilizando las 3 llaves mágicas que te describo a continuación:

La primera llave mágica es autocomunicación, consiste en hacer una introspección y decirte a ti mismo qué es lo que te gusta, lo que deseas ver, lo que te gusta escuchar, lo que te gusta sentir, lo que te gusta oler, lo que te gusta comer los sabores preferidos, es importante que seas sincero contigo mismo nadie estará detrás de ti criticando tus gustos y recuerda el actor principal de tu vida eres tú.

Date el valor y aclárate sin cadenas ni vergüenzas o negatividades, que surge de tu interior qué quieres realmente lograr, tener o vivir en tu vida.

Imagina, crea en tu mente como cuando eras niño o niña jugando con tus carritos pensando que tenías una pista de primera, jugando tus carros en la arena, las niñas inventando ropa para sus muñecas y creando casitas, esa imaginación debes regresarla y potenciarla, practícala y nunca te deshagas de tu imaginación creativa representando con los ojos cerrados y abiertos todo lo que te gusta.

Si no tienes esa autocomunicación contigo mismo difícilmente podrás crear tu buena suerte.

La segunda llave es, tener tu ruta de vida o propósitos a lograr.

Puedes tener propósitos o metas generales y específicas, es decir de largo y mediano plazo en el tiempo, lo importante es tenerlas y trazar la ruta de lo que quieres lograr.

Tener metas de vida, es como el capitán de un barco, que tiene una ruta, sabe a dónde ir, sabe que el viento no lo va a detener o desviará de su objetivo. Se puede cambiar de rumbo, pero no del objetivo a llegar, en un viaje se lleva esa brújula y el propósito para llegar al lugar que se quiere.

Lo que debes hacer es fíjate en tu objetivo final, si en el transcurso del logro de tu objetivo te encuentras obstáculos o cambias de barco no hay problema, recuerda que los objetivos los creas y los modifica.

Nunca te debes dar por vencido, acepta lo que va sucediendo porque en tu camino encontrarás dificultades y su objetivo es que tú desistas y si lo haces habrás generado una nube de mala suerte. La buena suerte es que tu propósito de vida se logre, el camino para llegar puede variar, pero llegarás La tercera llave es la fe y creencias.

Al construir tus metas y objetivos a corto, mediano y largo plazo, si ya empiezas a decir, que quién sabe si vivirás a largo plazo, pues ya tú mismo empezaste a reforzar tus creencias de cuánto vivirás, por lo tanto, sé entusiasta, positivo y escribe en una agenda o el lugar más secreto que tú tengas todo lo que quieres lograr. Nadie puede decidir por ti, incluso aquellos que mueren observen que dicen y cómo piensan, son personas que ya tienen como meta su final y por desgracia lo cumplen.

Lo que se resalta en esta parte, es que, hay personas que tienen enfermedades terminales, muchos las prolongan en el tiempo y es porque la ilusión y sus metas no se han acabado, tienen un sueño que perseguir, se sienten entusiastas a pesar de todo pronóstico.

Desde la experiencia de muchas personas la ciencia de la salud falla, a muchas mujeres les han dicho que no tendrían hijos, pero en algún momento desafiaron ese diagnóstico y lo lograron, alguien me enseñó estas tres llaves y hoy puedo decirte que la última palabra la decides tú.

Aunque un doctor te diga que ya vas a morir o que alguien te diga que no lo vas a lograr, haz uso de estas tres llaves, pero sobre todo de fe y creencias, no aceptes en tu mente lo que ellos dicen de ti, porque si tú dices que no puedes como si no puedes estás en lo correcto.

Podemos caer en cuenta que en la mente tiene que tener seguridad de los objetivos y las metas, no olvides que la fe crece o se disuelve.

La tarea de la fe, es hacerla crecer. La forma de fortalecer la fe, es ver cosas que te gustan, escuchar cosa que elevan tu vibración, ser entusiasta y positivo, mantén siempre la fe segura en que tus metas se cumplen.

# Plan práctico para cambiar mi suerte

Ya te he descrito varios aspectos que intervienen en la suerte de una persona. Pero ahora lo importante es detectar que tienes mala suerte para intervenir y crear la buena suerte, y si hasta este punto decides que tienes mala suerte, entonces debes cambiar ciertos hábitos cotidianos siguiendo la siguiente rutina trabajando las 3 llaves mágicas.

Somos producto de nuestras propias acciones, entonces revisemos las acciones que desarrolles y que generan tu estado de mala suerte

Plan mensual para crear mi buena suerte:

Actividad para abrir la llave número 1:

Desarrolla tu autocomunicación La primera actividad es que determines de 10 a 15 minutos diarios durante una semana para identificar y contestar las siguientes preguntas:

¿Qué escuchas a diario?

¿Qué ves a diario?

¿Qué olores recuerdas?

¿Cómo te sientes cuando escuchas y ves lo que ves?

¿Si sales a la calle describe que le prestas atención en la calle y que te hace sentir?

¿En el trabajo, si lo tienes, identifica que ves que escuchas, qué pláticas y música escuchas?

¿Qué te gusta hacer y que no te gusta hacer?

¿Cuándo hablas con las personas determina que te hace sentir bien y que no?

Conoce qué te hace sentir bien y que te hace sentir mal y que te gusta, que no y lo que te hace sentir, que se repite constantemente en ¿lo que ves y escuchas?

Clarifica que te gusta y que no te gusta, y es el momento de echar en marcha el plan de suspender todo lo que puedas y este en tus manos evitar ver cosas negativas.

Escuchar cosas positivas y subir tu vibración con música de más de 432 Hz, que puedes encontrarla en YouTube y escuchar la que más te guste.

Practica la meditación, después de clarificar tus preguntas diariamente. Esta práctica puedes hacerla como mínimo 15 minutos diarios.

El poder de la meditación puede lograr en las personas, cosas tan sorprendentes como sanaciones rápidas o desarrollo del poder mental, de manifestación.

## Semana 2

Actividad para abrir la llave número 2:

Ruta de vida y propósitos

Una vez que hayas tenido ese vínculo de conocimiento con la llave de la autocomunicación podrás haber abierto tu comunicación y haber conectado contigo mismo.

Es ahora cuando en ese mismo tiempo diariamente de entre 5 a 10 minutos cuando te sientas tranquilo o tranquila, puede ser al término de tu jornada o cuando te sientas relajado trata de sonreír respirar repetidas ocasiones y hacerte las preguntas:

¿Qué me gusta de esta vida?

¿Cuál es mi propósito?

¿Qué sueños o metas quiero alcanzar?

Posiblemente te sientas confundido, pero trata de identificar tus gustos, así sucesivamente en los días posteriores hasta concluir la semana.

Trata al menos cada día de hacer memoria, anotar y clarificar tus metas y sueños; anótalos y guárdalos donde tú consideres conveniente, recuerda que es algo tuyo.

Una vez terminada tu lista de metas y sueños, habrás dibujado en el horizonte, las metas que tienes en mente y trabajarás en lograrlas.

Una situación de la vida que maneja la suerte de las personas es que van por la vida sin saber que quieren lograr en cada área de su vida, por eso es imprescindible que puedas clarificarte y saber qué quieres.

¿Qué quieres en el amor?

¿Quién quieres ser?

¿Cómo quieres ser?

¿Qué quieres lograr en tu vida profesional?

¿Qué quieres lograr en tu vida familiar?

Visualízate claramente y con detalles como te quieres ver en 1 año. Céntrate en ti sin perjudicar a nadie, enfócate en ser mejor cada día.

## Semana 3

Actividad para abrir la llave número 3:

Incrementa tu fe y creencias

Una vez que ya has desarrollado tu autocomunicación, ya tienes tu ruta de vida y

propósitos enlistados y claros, ya sabes al fin
que quieres y ahora trabajaras en ti.

Lo primero que debes hacer es buscar en
páginas de internet lo que te gusta, por
ejemplo si quieres comprarte un coche, el de
tu preferencia, bueno, pues busca la imagen,
compara cotizaciones, observa videos de esos
autos, trata de escuchar y ver cosas positivas
que eleven tu vibración, pero sobre todo
siéntete feliz.

Puedes incluso en tu teléfono celular tener
las imágenes favoritas de lo que deseas y
dedicarte un tiempo al día de observarlos
detenidamente.

El reto de esta semana consiste de que
aparte que escucharás y verás lo que te gusta,
tratarás de lograr que de las 24 horas del día,
más de 12 horas de cada día sonreír y estás
feliz.

Si piensas en que lo que te digo es una
locura, pues no, si no sientes nada por estar
feliz, tratarás de sonreír forzado la primera

vez y luego imaginar cosas graciosas o cosas que te gustan.

Olvídate de la gente que te hace sentir mal y si no la puedes alejar, al menos trata de no centrarte en ese estado de ánimo negativo, tú habitualmente debes estar sonriente, hazlo y no te arrepentirás, quizá el primer día se te complique, pero recuerda que ensayarás por siete días este estado.

Si de repente hay algún problema, no centres tu foco en el problema, mejor céntrate en soluciones y sonríe, sabrás que el poder de sonreír puede sanar las almas más agobiadas y tristes del mundo, este no es un plan egoísta.

En el momento que tu suerte empiece a cambiar a buena suerte, te habrás ayudado a ti mismo y ahora podrás compartir lo que sabes, podrás ayudar a las personas a mejorar su vida y ser felices.

En algún momento la gente que no sabe de estas leyes y poderes ocultos pensará que eso es de locos, porque en realidad nadie enseña cómo crear tu buena suerte, esto son conocimientos ocultos que han estado desde la creación del mundo.

Por desgracia nos han amaestrado al suponer que la suerte es el azar, y no lo es tu vibración, tu estado de ánimo, tu autocomunicación, tu ruta de vida y tu fe y tus creencias tiene mucho que ver con tu buena suerte.

## La semana 4

En esta semana vuelve a revisar detalladamente la lista de propósitos y metas que has generado, recuerda que tendrás que sentirte feliz al leer cada uno.

En esta semana afírmate siempre: lo voy a lograr, con todos tus sentidos imaginarás lo que deseas lograr, deséalo con muchas fuerzas e imagina que ya tienes lo que has pedido y se siente satisfecho y utiliza la palabra, gracias.

En esta semana imaginarás creativamente tus metas y sueños, dedicándole 5 o 10 minutos diarios, recuerda siempre lograr más de 12 horas de alegría y entusiasmo.

Si hasta acá has hecho bien los ejercicios, te aseguro que empezaras a sentir cambios en varios aspectos de tu vida, siempre manteniendo tu vibración y alegría cada vez con mayor intensidad.

¿Por qué te pido que estés siempre alegre y entusiasta?, te he pedido dentro de los ejercicios que más de 12 horas estés alegre en el día, porque tiene que cambiar tu ánimo más del 50% del día a algo positivo, porque a algo positivo, pues si una persona se gana la lotería ¿tú crees que estará triste?

Por obvias razones, el estado de ánimo de una persona con buena suerte o cuando ha recibido un golpe de buena suerte siempre será positivo. Esto aplica a la enseñanza de un maestro del doctorado que siempre decía, si ustedes quieren ser reinas deben empezar por parecerse a la reina y esto no significa que tenías que vestirse como reina, sino lo más esencial es pensar como la reina y tratar de sentir como reina.

Por eso es importante visualizarte sintiéndote con muy buena suerte, y desde ya empieza a sentir que tienes muy buena suerte, y el primer hecho es que las llaves están en tus manos, abre esos conocimientos y practícalos, tu poder de crear está en ti, habrá quien te critique pero nunca desistas.

Programa tu mente para generar buena suerte y no permitas que nadie te diga que tienes mala suerte, quizá ellos ven lo que ellos quieren lograr, pero lo tuyo puede ser diferente y mejor, pues cada quien tiene su propia realidad y sueños por cumplir.

Está en tus manos crear tu buena suerte, recuerda que ya te he compartido las llaves que harán crear tu buena suerte ahora depende de ti utilizarlas, lo que se practica es lo que permanece en nosotros, todo lo demás se esfuma.

Gracias a ti por aprender este poder y si lo has logrado, recuerda que un árbol no da frutos para sí mismo sino para compartirlos. Comparte esta sabiduría con las personas que amas.

Para que este plan funcione en tu vida, es importante que lo leas muy bien y lo pongas en práctica, es importante que seas constante.

Los resultados serán efectivos siempre y cuando no desistas, debes de ser constante y vivirlo.

También es importante aclarar que en la vida no hay coincidencias, si este libro llegó a tus manos, es porque es un llamado de tu buena suerte para decirte, que se quiere manifestar en ti.

¡No tomes esta enseñanza como un libro más!

Pues no me queda más que desearte que los caminos de la suerte se abran a tu vida y disfrutes de este maravilloso camino, tu suerte está en tus manos, empieza hoy a cambiar tu realidad y comprueba que la suerte la construyes desde donde estés.

La luz y el poder están en ti y ha llegado la hora de que lo compruebes practicando las tres llaves de la buena suerte.

Empieza a sonreír porque tu buena suerte comenzará a trabajar para ti.

Que esta suerte haga de ti un ser de un magnífico poder y amor.

www.ingramcontent.com/pod-product-compliance
Lightning Source LLC
Chambersburg PA
CBHW072008170726
47999CB00013B/1008